AF430200

Sin cuenta maneras de conseguirte un AMANTE

Xóchitl Curiel

Sin cuenta maneras de conseguirte un AMANTE

Sin cuenta maneras de conseguirte un AMANTE

Título original en español año 2020

Primera edición 2020

ISBN: 9798668840502

Derechos Reservados de Xóchitl Curiel Rojas

Correo: xochitlcuriel04@hotmail.com

A mis amados hijos

Chef Héctor Oskár Olvera Curiel

Médico Jesús Orlando Olvera Curiel

Agradecimientos

A Dios por darme la sabiduría de escribir mi primer libro.

A la Dra. Mayra G. Borjas García por introducirme al mundo de la tanatología y enseñarme a ayudar a otras personas.

Al Profesor Jorge Caballero por guiarme en este hermoso camino de la escritura.

A la Dra. María D. Loayzat por leer mi libro con ojo experimentado.

Prólogo

Leer ameno, ligero, sensible, profundo y a la vez con un aprendizaje en cada capítulo, puede ser algo difícil de encontrar; sin embargo en este libro, que es como un tesoro escondido, queda visible para ti, encontrarás un camino rumbo a la realización personal llevado de la mano de la autora, a quien leerás con entera satisfacción, te lo aseguro. Mucho les podría contar del camino de superación que ha transitado la escritora, pero que mejor que te lo cuente ella misma a través de cada una de las páginas de este hermoso regalo que tienes en tus manos, es un honor para mi querido lector darte la bienvenida y antesala de lo que será una gran aventura para tu vida.

¡Atrévete a conseguirte un amante!

Dra. Mayra G. Borjas García
Tanatóloga / Psicoterapeuta
Presidenta de la Asociación Mexicana
de Psicoterapia y Tanatología A.C.

Sin cuenta maneras de conseguirte un AMANTE
Por *Xóchitl Curiel*

INTRODUCCIÓN

Un día despiertas y te preguntas, ¿qué puedo hacer para ser feliz?… y te encuentras enfrascada quizá en un matrimonio de años o sola y con larga educación académica, en un trabajo que no querías, pero te da para "vivir", en un espacio con techo y puerta para dormir, es más viajas en un auto que te sirve solo para llegar a donde vas o quizá, sí tengas todas las comodidades y no te sientes satisfecho con tu cuerpo y allí es donde comienzas a sentir que no eres feliz.

Pues te tengo buenas noticias, eres dueño de tu tiempo, de tu espacio y por supuesto de tu cuerpo. Y allá afuera de tu cama o de tu sofá hay infinidad de cosas que puedes hacer. La vida no es solo pelear con tu pareja, tener que hacer la tarea para pasar una materia, comer cualquier cosa barata para llenar la panza, trabajar para pagar tus gastos, limpiar la casa porque viene una visita, apurarte en todo para llegar temprano a tu cita de trabajo, comer en restaurantes todos los días porque tienes la posibilidad económica; La vida tiene muchas formas y colores.

¿Te has puesto a pensar que te gusta o que no te gusta?

Un ejemplo, cuando yo era pequeña deseaba ser bailarina de ballet, por causas ajenas a mi vida de niña no lo logré, después quise ser artista de esas de las telenovelas para ser muchos personajes, vivir muchas vidas, hacer de todo, como ser rica, ser pobre, ser madre, ser profesionista, ama de casa, artista plástica, chef, vendedora, maestra de inglés, directora, asesora, periodista, coordinadora, animadora, organizadora de eventos, pastelera, administradora, escritora, oradora, presidenta, conferencista, empresaria, líder, diseñadora de interiores y siempre pensé en ser la protagonista de cada novela... ¿te cansaste de leer tantas profesiones y oficios?, pues ¿qué crees? lo he podido hacer todo a lo largo de mi vida, cada una de estas actividades me ha brindado experiencias en las que puedo compartir contigo que lo que desees ser o hacer lo puedes.

Solo tienes que creerlo para crearlo.

Cuando soñaba en ser actriz me imaginaba viajando por el mundo conociendo otras personas, lugares, comidas, formas de ser. Quería ser la diva que viaja a Nueva York en su juventud y que aun estando casada y tener hijos pequeños podría desarrollarse en su profesión y viajar a la Gran Manzana y tener la oportunidad de ver una obra de teatro de las mejores y en el mejor lugar. Ser esa artista que siempre sonríe, que se cuida la figura pero que ama intensamente a su familia. El querer ser artista fue un sueño porque en mi niñez viajaba mucho a CDMX como ahora lo llaman, tenía unos tíos con una excelente trayectoria actoral y su vida me fascinaba. Cuando piensas que puedes ser otra persona, creo que hasta te late más fuerte el corazón, posiblemente por la emoción de ser alguien que ni en tus sueños crees llegar a ser.

Y así también como un sueño hecho realidad viajé a Europa, pero eso más adelante te lo contaré.

En algunos casos vives los días iguales, te despiertas después de tres alarmas, sí lo sé, pones una alarma para decirle a tu cerebro que vendrán otras dos más a interrumpir ese sueño de ser alguien más, de ser ese o esa que no tiene que usar despertador, que simplemente cuando te duela la espalda de estar acostado te levantarás a hacer lo que te plazca. Bueno, pero íbamos en la primera alarma, cuando suena la segunda, la tercera y a veces la cuarta, esa que es de carne y hueso que te dice: "eit", ya sonaron tus ochenta mil alarmas, ¿a qué hora te levantarás? Es cuando reaccionas que inició otro día, un día donde ni imaginas que conocerás personas que brindarán alegría a tu vida, aprenderás a lo menos una palabra nueva, comerás algo que nunca habías pensado probar. Pero no, tú sigues en el borde de la cama, como que me levanto, como que me aviento de nuevo a la cama; eso si te da tiempo, porque frecuentemente tu tercera o quinta alarma es para que levantes a los niños para llevarlos a la escuela, sin peinarte de una manera decente y ponerte un poco de maquillaje. Pues déjame decirte que eso es vida, tener a alguien a quien levantar, apurar y decirle que se le va a hacer tarde. ¿Por qué siempre es "tarde"? ¿Por qué nunca decimos?, tómate un café, bebe tu leche despacio que es muy temprano, todavía tenemos tiempo para platicar y planear el día.

¿Qué diferente sería la vida así, no crees?

ÍNDICE

Capítulo 1 página 25

Conócete física y mentalmente para tu amante

La importancia de investigar deseos y aspiraciones propias

Capítulo 2 página 35

Conoce a tus ancestros: papá, mamá y abuelos

Resolviendo conflictos del pasado

Capítulo 3 página 43

Creencias limitantes sobre el dinero, la salud y el amor

¿Por qué sigo patrones de pobreza, enfermedad y desamor?

Capítulo 4 página 55

Vive el aquí y el ahora

Capítulo 5 página 61

Un vistazo a tu día

Uso de un diario para hacer conciencia del tiempo

Capítulo 6 página 69

Planea y organiza tu día

Comida, trabajo, diversión, pasión y descanso

ÍNDICE

Capítulo 7 página 77

La culpa

Por querer en tu vida un amante

Capítulo 8 página 85

El perdón

A ti y a tus deseos no cumplidos

Capítulo 9 página 93

Afirmaciones

Para el éxito financiero, laboral, amoroso y de salud

Capítulo 10 página 100

Liberación personal

Dejando atrás todo aquello que interfiere para poder avanzar hacia una vida saludable y feliz

Capítulo 11 página 106

Un nuevo comienzo

A esa vida de transformación que te has propuesto al trabajar todas las áreas de tu vida

Capítulo 12 página 114

¡Lo mejor está por venir!

¡Ya estás lista, ya estás listo para tener un amante!

Capítulo 1

Conócete física y mentalmente para tu amante

La importancia de investigar deseos y aspiraciones propias

Conocerte física y mentalmente, o sea a ti mismo, pareciera raro pero muchas personas no saben ni sus rasgos faciales, si te llegaran a preguntar ¿Cuántos lunares tienes en la cara?, correrían a un espejo.

Conocerte a ti mismo no viene de la psicología. Fue Sócrates, el filósofo, quien dijo que conocerse era casi UNA OBLIGACIÓN de todo ser humano. Sin saber quiénes somos viviremos, pero no potencializaremos nuestros "encantos". Si nos conocemos podrá ser más fácil encontrar ese amante que te ha rondado en la cabeza desde que tomaste este libro en tus manos, ya sea digital o percibiendo ese aroma especial que tienes los libros de papel.

En muchas ocasiones nosotros mismos nos autodescribimos de manera completamente diferente de cómo nos perciben. Puede ser positivo y en otras veces negativo, vamos a explorar una situación:

Sofía es una amiga que siempre se reía de todo lo que hacía su pareja, lo felicitaba en cada momento, le daba regalos por cuestiones cotidianas y creía que lo hacía sentir bien, lo que no se daba cuenta es que la risita ya se sentía falsa, los obsequios parecían como premios para un cachorro que aprendió donde debe dormir y hacer sus necesidades. La cuestión aquí es que ella creía que estaba haciendo algo positivo para su relación, aplaudiendo cada pequeña acción que realizaba su flamante marido, y al contrario de esto el hombre se sentía que no era valorado, ¿puedes creerlo? pues sí, cuando tenemos un ejercicio recurrente ya no tiene el mismo efecto para las demás personas y creo que tampoco para ti. Pues cual sería la sorpresa o el premio si hiciera algo mayor. Por eso debemos conocer que acciones son las recurrentes en nuestro día.

Primero vamos a hacer un ejercicio, toma tu libro, tu celular, laptop o Tablet y busca un espejo, podemos comenzar con la cara; mira tu reflejo y describe lo que ves, ¿qué parte de tu rostro te gusta más?

¿Has escuchado que los ojos son el espejo del alma?, pues hoy tus ojos están hinchados y se ven un poco tristes, y nada que ver contigo el día de hoy, solo has retenido algo de líquidos por la noche, pero tu estado de ánimo está muy bien.

Con una mirada puedes enamorar, pero también fulminar a alguien, dicen por ahí, "si las miradas mataran, ya estuviera bien muerto".

La mirada forma parte fundamental de la comunicación no verbal y es por eso por lo que debemos de cuidarla, no solo como miramos sino el aspecto estético de nuestros ojos, incluyendo pestañas, parpado y ceja. Y esto es para hombres y mujeres. Porque a veces vemos a unos chicos o grandes con tremenda ceja y escondiendo una mirada espectacular, deja que tus ojos hablen de ti y de tu personalidad.

Como te decía, la comunicación no verbal tiene más impacto en una conversación, ya sea para ligue, para vender algún producto, para pedir un permiso, o simplemente para conquistar el mundo. Recuerdas alguna vez haber escuchado a una mamá decirle a su bebé, "a ver unos ojitos", y el impacto era extraordinario, esa madre sabía que su pequeño algún día conquistaría el mundo con su mirada, no concretaba en su mente que pudiera llegar a ser un profesionista cuando fuera adulto, pero de que era encantador, sí estaba segura. Pues entonces te invito a que te mires el rostro, hagas muecas y te digas cosas bellas como, "realmente eres muy guapo (a)", "mira esas pestañas", "y esa boca tan sensual ¿quién te hizo un ser tan bello?". Seguramente una amplia sonrisa aparecerá en tu rostro al estar haciendo este ejercicio y eso que apenas nos miramos la cara, cuando bajemos la mirada y encontremos todo eso que tenemos enfrente y que lo puedes usar de la manera que más te satisfaga, te darás cuenta que tienes tantas herramientas palpables para cualquier acción que quieras realizar para ti mismo o para conquistar eso, esa o ese que has querido siempre, tu deseado amante, por el que te prepararás con herramientas necesarias que encontrarás en este libro.

Probablemente todavía no tengas claro quién o que será tu amante, lo irás descubriendo mientras tu lectura avanza, pero lo que sí te puedo asegurar es que desearás cada vez más el estar con él o ella, compartiendo tu tiempo, tu energía, tu sudor, sabiduría, tus finanzas, tus sentidos y tu ser completo. Pero para ello tendrás que conocerte a fondo, tus gustos, placeres, pensamientos, acciones que te llevaron a ser lo que ahora eres.

No te preocupes si a esta altura de la lectura no viene a la mente un prototipo de amante, cuando no vemos amor en nosotros mismos es complicado verlo en los demás, así que lo primero es lo primero, reconocerte como persona única e irrepetible, capaz de tomar decisiones propias para favorecer tu existencia, fuiste creado o creada totalmente diferente a otros y otras para disfrutar, para crear y vivir plenamente tu estadía en este plano terrenal.

Vamos descubriendo potencialidades en tu personalidad, por ejemplo, si eres una persona que cuida sus finanzas, pero su cuerpo lo deja como última prioridad.

Cuando dejamos alguna área de nuestra vida fuera de control, es muy probable que las otras hagan replica y voluntariamente vayan a descontrolarse.

Un ejemplo, Mónica una amiga de la universidad tenía muy buen control del dinero que le daban sus papás para la escuela, podía pagar su transporte, su mensualidad, útiles que necesitaba, pero comía lo primero que se le presentaba, ella fue adquiriendo peso en cada semestre, eso la hizo sentir poco atractiva y se fue alejando de la compañía de todos, aunque era muy buena en sus notas y los demás la seguían, ella hacía todo lo posible por estar sola y se dedicaba a comer y comer.

Un día me la topé en un pasillo y casi no la reconocí. Fue ahí donde la invité a tomar un café y le pregunté cómo se sentía, fue como destapar una coladera, ella derramó en llanto, hasta se sorprendió de estarlo haciendo en público.

Estaba pasando por un mal momento y no se

acercaba a nadie para pedir ayuda.

Es muy importante la comunicación, como ya te había dicho, la comunicación no verbal había pasado desapercibida para muchos, pero la *recomendación* es siempre tener con quien platicar, ya sea tu mamá, una amiga o amigo, un sacerdote o pastor, un terapeuta, lo que creas que sea más fácil para ti, para *hablar, hablar y hablar*. Los sentimientos guardados pueden hacerte mucho daño, porque se van acumulando y después tardarás más en volver; pero eso sí te aseguro con ayuda siempre podrás salir de la situación en la que estés, no lo dudes.

Cuando tienes fuera de control una parte de tu vida, las demás van haciendo efecto domino.

Para poner orden empieza por tus cajones, por tu bolsa de mano o cartera, el escritorio, tu closet, los gabinetes de la cocina, tu carro, aunque no lo creas, conozco personas que traen otra casa en su carro, o sea ropa, zapatos, libros, vasijas del lonche, y claro basura "porque son buenos ciudadanos", si vas a traer basura, ponla en una bolsa y cuando llegues a tu casa vacíala en el bote, no la almacenes por semanas en el coche.

Cuando comiences a sacar lo viejo, roto, desgastado de tu vida, notarás que cosas nuevas llegan a tu vida.

Una práctica que han usado muchas personas es por cada cosa que metes saca una, si compras una blusa, saca una del closet, no quiere decir que saques tu blusa favorita, ni tampoco que la vayas a tirar, puede ser esa prenda que no has usado en más de tres meses y que cada vez que piensas en usarla decides dejarla ahí y ponerte otra a cambio, o ¿sólo me ha pasado a mí?

Ya que terminaste en repasar todo tu cuerpo, conociendo donde tienes cada lunar, cicatriz y arruga. Imagina que estás en un interrogatorio y tienes que describirte.

Te dicen: por favor describe tu rostro, tez, rasgos que otras personas no han notado, ¿qué forma tienen tus ojos, tus labios, tu nariz? ¿Sabes tu estatura y complexión *real* de este momento? ¿Podrías describir tus manos, uñas, líneas de su palma? ¿Del cuello a la cintura como te describes?

¿Te describirías atractivo o atractiva? ¿Capaz de enamorar al mundo?

Cada respuesta te abrirá una puerta, ¿realmente quieres seguir?

Repasemos un poco este capítulo de autoreconocimiento:

Paso uno: *Reconocerse físicamente a uno mismo*

Paso dos: *Tomar en cuenta virtudes para mejorarlas*

Paso tres: *Poner orden a tus espacios frecuentes, ropa, comida, carro, finanzas*

Es momento de mirar atrás solo para ver de dónde vienes y así tomar las riendas de tu futuro.

Capítulo 2

Conoce a tus ancestros: papá, mamá y abuelos
Esto ayudará a resolver conflictos del pasado

Lo que somos está constituido por personas que nos antecedieron, por encuentros llenos de amor o quizá casuales, pero no venimos solos, traemos con nosotros generaciones que han participado para crear el carácter, habilidades, triunfos y fracasos en nuestra vida. ¿Te gustaría saber por qué tienes ese gusto por el café, el arte, el juego o la bebida?

Es importante saber cómo mínimo el nombre, edad y carácter de tus padres, hayan estado contigo o no.

Sandra, una paciente que me buscó para asesoría de duelo, me dijo que ella no entendía porque siempre que conseguía un buen empleo ocurrían factores externos que le saboteaban su trabajo terminando por abandonarlos por acciones que ella no había cometido, esto la llevaba a una desesperación total de no querer buscar algo estable, decía que para qué, si la iban a correr muy pronto.

El duelo por despido injustificado o pensionarse es tratable en consultorio y llegas a un nivel de recuperación muy rápida. Lo que Sandra no sabía, es que la imagen del padre que ella siempre conoció, a través de su mamá, era de un hombre trabajador y responsable que murió consiguiendo siempre lo que necesitaba para su familia. Pero esto no era real, su madre le había contado esa historia para que ella tuviera una referencia positiva del hombre que las había abandonado cuando era pequeña.

Déjame decirte que *"lo que se omite se repite"*, si Sandra hubiera sabido la verdad, ella misma pudiera decidir ser mejor o no, porque la opción de cambio siempre tiene que venir de nosotros.

Regresemos a los nombres de los padres, busquemos también el de los abuelos, su carácter, gustos, posición social y económica, como se llevaban unos con otros, esto nos ampliará nuestra tarea generacional y nos ayudará a reconocer que tipo de chip nos introdujeron.

El chip es un circuito integrado en todo tu organismo y corriente sanguínea el cual puedes cambiar en el momento que desees, cuando estés listo para los cambios en tu vida, para conocer ese amante que llene tus días de placer, te haga sentir más dinámico y conquistes en cada acción que llevas a cabo.

Primero nos guiaremos con un familiograma, árbol genealógico o historia familiar, esta es una herramienta para conocer la similitud entre sus integrantes, relaciones afectivas, problemas de salud, carencias económicas, ya que, así como existe la herencia física también está la psicológica, es por eso que, aunque no hayas vivido con tu padre o madre biológica tienes rasgos o acciones iguales que necesitas conocer para cancelar, cambiar o reafirmar.

Haz el tuyo, respetando los niveles, graficando o poniendo en papel los integrantes de tu familia.

Pregunta si existe algún aborto, homosexualidad

escondida, asesinato, cualquier secreto que no te hayan contado, es momento de saberlo para dar una orientación definida a tu vida.

Al realizar este árbol genealógico en forma de organigrama pondrás al descubierto y en evidencia algunas situaciones que no se han querido tocar en la familia. Déjame recalcar que cuando escodemos secretos en la familia estamos privando de un mejor futuro a las generaciones siguientes, porque ellos estarán cargando acciones que no les corresponden.

La buena noticia es que todo acto negativo de tus ancestros lo puedes cancelar, reconstruir y mejorar.

Recuerda que ya eres grande y mereces un amante.

No tienes por qué cargar con los errores de tus papás y abuelos, ellos hicieron lo mejor que pudieron con las circunstancias que los rodeaban.

Pregunta y escucha con amor todo lo que te vayan a contar, quizá aparezcan situaciones en las que nunca imaginaste a tus padres o abuelos, respeta lo que te digan, toma lo que necesites para tu vida futura, recuerda que todo lo que te platiquen es del pasado y muchas de las veces tu ni estuviste ahí cuando sucedió.

La historia se escribió para no repetirla y que con la experiencia de otros hagamos un mundo mejor. Algunas veces solo conocemos nuestro entorno, no hemos salido de nuestra ciudad y la convivencia es muy cerrada, familia y nada más. Es importante, leer, viajar, socializar en diferentes niveles de cultura y economía para poder tener variedad al momento de escoger como queremos vivir.

Atrévete a comer algún platillo diferente, combinar sabores dulces y salados, a vestirte como te gustaría hacerlo todos los días. Esta es una herramienta extraordinaria para cambiar nuestros hábitos.

Exprésate como si ya tuvieras ese, eso o esa amante que tanto buscas, tú ya te lo propusiste y estás trabajando en ello.

Tienes este libro en tus manos, eso ya es querer cambiar, por lo tanto, manos a la obra.

Si preguntando se llega a Roma imagina a donde puedes llegar conociendo sobre tus ancestros.

Recurre a tus padres o familiares cercanos para conocer más de ellos, puedes decirles que es para una tarea o simplemente platicarles que estás leyendo este libro para mejorar tu vida.

Las verdades o secretos suelen doler al principio, puesto que por eso fueron escondidos por los protagonistas, pero el conocerlos te abrirá esa ventana al éxito.

Te invito a que explores como eran tus padres de jóvenes, tus abuelos, te puedo asegurar que hacían muchas de las actividades que ahora te critican, que si no usas bien esa ropa, que si el cabello no te lo cortas o peinas de una manera "correcta", que el dinero que ganas no lo administras bien, que tus relaciones amorosas no las conservas por mucho tiempo.

Todo lo tenemos en los genes, pero eso no quiere decir que no lo podamos cambiar. Nosotros *somos dueños de nuestro futuro* y podemos cambiarlo cuantas veces sea necesario para tener mejores resultados.

Algunas veces nuestros papás nos quieren dar lo que ellos no tuvieron y eso no está mal, pero su experiencia no fue la misma, ni los tiempos en los que vivimos actualmente. Lo que sí te aseguro es que hicieron lo mejor que pudieron, quizá repitiendo patrones, o quizá yéndose a los extremos para no tener los resultados de sus padres hacia ellos.

Toda familia tiene sus virtudes ya sea en el ámbito amoroso, intelectual, financiero, espiritual, solo hay que revisar detalladamente tu árbol genealógico para encontrar esa fortaleza que necesitas, así como también las herramientas para poder cambiar lo que no quieres para tu futuro, tu familia actual, o para tu vida.

Si encuentras algún aspecto doloroso déjalo ir, agradece por ello, ya que es parte de tu pasado. Si en la búsqueda hay un secreto y sale a la luz, no juzgues, en su momento fue necesario para ser el hombre o mujer que ahora eres. Algunas veces nuestros padres o abuelos hicieron acciones negativas o mal vistas por la sociedad para llegar a ser lo que ahora son, eso no es asunto tuyo, quizá ni habías nacido, aunque es bueno conocerlo para evitarlo, si es que eso causo daño a otras personas. Ahora tú tienes la oportunidad de crear tu propia vida, no es que vivas en una bola de cristal o quieras formar un cuento de hadas para tus hijos, lo importante es conocer y no omitir, esconder ni ocultar tu pasado.

Repasemos este capítulo, reconociendo a papá, mamá y abuelos:

Paso uno: *Conocer nombres/carácter de ancestros*

Paso dos: *Visualizar patrones de conducta*

Paso tres: *Tomar en cuenta virtudes para mejorarlas*

*Te repito **"lo que se omite se repite"**, y estoy segura de que no querrás ser expulsado o expulsada de tu clan, aunque a veces sentirás que no eres parte de esa familia que te tocó por circunstancias obvias, tú quieres triunfar y ser feliz.*

Capítulo 3

Creencias limitantes sobre el dinero, la salud y el amor

¿Por qué sigo patrones de pobreza, enfermedad y desamor?

Cuando creemos que todo lo que tenemos y somos es porque así lo merecemos o porque toda mi familia ha sido o seguido estos patrones, solo son nuestras creencias limitantes hablándonos, como esa vocecita en nuestro oído que nos dice, no podrás salir de pobre o a la edad de tu madre tendrás diabetes.

Creencias limitantes son ideas o pensamientos negativos que consideramos como ciertas, sin que necesariamente lo sean, y solo condicionan nuestra vida. Creemos que no podemos, entonces nuestro cerebro lo toma y no nos deja avanzar.

El inconsciente es poderoso, hacerlo consciente te llevará a trabajarlo, mejorarlo y así lograr lo esperado.

Samuel, un paciente de 35 años llegó a mi consultorio con una fuerte crisis y al preguntarle cómo se sentía lo primero que dijo fue, *"trabajo como negro"*, y él era muy blanco, alto y rubio.

Esto pasa muy a menudo cuando tus padres y abuelos han sido de una economía escasa costándoles mucho esfuerzo lograr lo que tienen, entonces creemos que así debería ser nuestra vida.

¿Recuerdas que te hable sobre la pertenecía al clan? Pues a esto se refiere, cuando vamos avanzando y logramos sobresalir en algún aspecto que ni en sus sueños tiene nuestra familia, la pertenecía al clan nos sabotea y caemos en lo mismo. Volvemos a nuestras raíces de pobreza, infidelidad, enfermedad, etc.

La mente es muy poderosa y más aún la palabra, cuando nos declaramos pobres o sin dinero, estamos confirmando al universo que no necesitamos más, que estamos de acuerdo con lo que tenemos, y no creo que sea así.

Nuestra meta es siempre ser mejor, tener comodidades, unas finanzas abundantes, no solo satisfacer las necesidades básicas como son los pagos de luz, agua, gas, renta, comida. Tú puedes tener un buen auto, una casa acogedora donde llegar a descansar y convivir con la familia. Dinero para ir de vacaciones, comer en restaurantes de alta cocina.

Déjame decirte que todo esto es posible, ***"lo que se cree se crea",*** así que el ejercicio que haremos es creer que lo puedes, que tienes esa vida saludable, tus finanzas abundantes, las personas que amas te aman con mayor fuerza, tu relación laboral es lo mejor que te ha pasado desde tus veinte años.

Todo "padecimiento hereditario" lo puedes cancelar, prevenir o al menos retrasar.

Por ejemplo, si tu madre y abuela han tenido diabetes, te dirán que por genética eres propenso a desarrollarla, pero lo que en muchas ocasiones no te comentan es que tú mismo puedes trabajar física y mentalmente para que esto no ocurra.

La buena alimentación es la base principal para estar sanos, *no nos corre el azúcar de nuestra madre por la sangre*, quizá el deseo de consumirla sí, pero eso puede cambiar si nosotros modificamos nuestros hábitos alimenticios. Lo primero que haremos es visitar a un experto en nutrición. Existen sistemas para ayudarte a comer con inteligencia, a disfrutar de lo que te gusta con medida. Ya has comido mucha pizza y bebido mucho refresco azucarado en toda tu vida, así que no te costará decidir por tu salud un cambio de hábitos. Si una persona te invita a comer o llega con un pastel a tu casa tú puedes decidir decir **"no, gracias"**, esta puede ser tu *frase clave* para iniciar un plan de alimentación sana en cualquier etapa de tu vida, porque solo tú eres responsable de lo que metes en tu boca. También bajar la ingesta de carbohidratos sería genial para tu cuerpo; no tienes que dejarlos por completo, puedes decidir cuales comer y en qué cantidad, por ejemplo, si eres mujer dos tortillas al día sería ideal, si eres hombre pueden ser cuatro tortillas al día tú tienes el control, escoge entre pan o tortilla.

Algo así, desayuna un huevo a la mexicana guisado con aceite en aerosol, usando un buen sartén para que no se pegue, lo acompañas con una tortilla y una generosa cantidad de nopalitos. Ahí te queda una tortilla o pan para la cena o comida, recuerda tú puedes decidir cuando la comes.

Todo lo que está en tu vida, salud, trabajo, pareja, pobreza, dinero, amigos, enemigos son porque tú le das entrada, consciente o inconscientemente, puede ser porque muy seguido hablas de lo mal que te va en el trabajo, que tu pareja es un fastidio que ni ganas tienes de llegar a casa. Tu mente va recopilando esa información y la hace realidad, por eso en el momento que desees puedes cancelar todo lo que te incomoda y no te hace avanzar sanamente, en tu relación, en tu área laboral, la salud y también esas finanzas que no están nada saludables.

Cuando cancelamos creencias que han estado ahí por generaciones estamos entrando a un mundo desconocido; habrá parientes que te quieran excluir de sus reuniones, de sus grupos de WhatsApp, de Facebook porque no les parecerá ver tus logros, bueno es momento de dejar a todos los que no te permiten avanzar, ya en otro tiempo los volverás a ver, la familia es la familia y tarde que temprano se reunirán de nuevo. Por lo pronto, has nuevas amistades, frecuenta nuevos lugares, cómprate ropa, corrige tus hábitos alimenticios, sal a la calle, viaja, no todo es trabajo y quehaceres de la casa. Tú eres quien dirige tu vida y así pronto encontrarás al tan esperado amante.

Otra manera de ir cambiando nuestras creencias limitantes es pensar, creer y hablar como si ya tuvieras eso que anhelas.

Al decirlo en voz alta y en presente le exiges al universo que llegue a ti, que ya estás preparado, es por eso, que con tus acciones cotidianas debes atraer la estabilidad y abundancia económica, el empleo que te satisface porque puedes desarrollar tus habilidades, lo disfrutas, te diviertes y además de eso te pagan por ello. Pero debes estar listo, porque cuando esto comienza a llegar a tu vida, cuando cancelas toda carencia, desamor, enfermedad e infidelidad, lo bueno te llegará a manos llenas y es preciso que hagas buen uso de esta capacidad nueva para que sea del todo positivo, no solamente para ti sino también para con quien compartes tu vida, ya sea tu familia nuclear, tus colaboradores en la empresa, la sociedad en sí. Puedes comenzar a ensayar tu discurso y después haz una lista de todo lo que quieres cancelar o revocar de tu vida.

¿Alguna vez has firmado un contrato de trabajo?

En un contrato vienen todas tus obligaciones y quieras o no las debes respetar y cumplir, pues algo así es lo que pasa con las creencias limitantes. Tu inconsciente firmó un contrato con la escasez económica de tus padres o abuelos, sin embargo, como cualquier contrato se puede revocar.

Regresemos a la lista de lo que quieres cancelar, cuando ya la tengas por escrito redacta tu revocación de contrato que puede ser así, escribe aquí en tu propio libro esto:

REVOCACIÓN DE CONTRATO FAMILIAR

Yo, ___________________________________

(pones tu nombre completo)

Cancelo el contrato de pobreza con mis antepasados, la infidelidad, el alcoholismo, mala suerte, etc.

____

____

(lo que quieras cancelar)

El día de hoy ___________________________________

(día/mes/año)

Doy por terminado el contrato que firmé con mis antepasados y cualquier limitante que me saqué de mi meta que es: tener unas finanzas saludables y abundantes, vida libre de drogas, etc.

____

____

(metas)

____

Firma

La revocación del contrato la doblas y la quemas, el fuego hará lo suyo. Respiras profundo y la dejas ir por el aire, tomando conciencia de que el tiempo es solo tuyo.

Te preguntarás ¿por qué debo quemarla? Pues ésta sería una buena respuesta: según Heráclito, famoso por su insistencia en el cambio como agente de destrucción y renovación, en su sentido filosófico y mágico de agente de transformación («todas las cosas nacen del fuego y a él vuelven»).

El fuego simboliza la máxima energía purificadora, su energía te hace conseguir la paz interna y un nuevo camino; tiene el poder de destruir si se sale de control, y de crear si se usa de manera inteligente.

Al principio te comenté que viajé a Europa, fue un sueño hecho realidad, comenzó con el anhelo de conocer otros mundos, otras personas, otros sabores y colores. Fueron solo tres años de ahorro y planeación, desde ver qué lugares visitaríamos, los costos y el presupuesto que teníamos; en ese entonces trabajaba en un periódico local como editora de varias secciones del diario, con un horario muy cómodo pero un salario que a diferencia de otros puestos no se podría creer que se pudiera viajar a Europa. La clave fue la administración de mis ingresos y el uso de este. Para mi nivel de adquisición monetaria de aquel momento tuve que hacer uso del "quiero comprar esto, pero mejor lo ahorro para mi viaje"; "me gustaría ropa nueva, pero mejor lo ahorro para mi viaje"; "me encanta comer en restaurantes, pero mejor cocino y ahorro para mi viaje", ejemplos tengo varios. Me decían que era casi imposible realizar un viaje al otro continente, que era muy costoso, que solo la gente muy adinerada podía ir, pero en mi afán de comprobar que cuando se quiere se puede, lo logré, todo fue a base de ahorro, no hice uso de tarjetas de crédito, solo las llevaba para alguna emergencia, pero no fue necesario. Los gastos estaban planeados, así como los paseos, algunos gustos y otros lujos, pero la experiencia los valía. Recorrimos varios países, Inglaterra, Francia, Italia, pude ver colores de flores que nunca había visto, degustar platillos originales de cada lugar. Sentir como palpitaba mi corazón al celebrar el día de las madres arriba de la Torre Eiffel, pasear en canoa en Venecia, visitar museos extraordinarios, iglesias, plazas, tener la experiencia espiritual de conocer al Papa Francisco en persona, saborear excelentes vinos. Ahí fue donde comprendí que toda creencia limitante se puede romper, a pesar de que mi familia ha sido de empresarios nadie había ido al otro lado del mundo. Tú puedes cortar por lo sano todo eso que te ata a la pobreza, a la enfermedad, cancelar adicciones que han estado en tu familia por generaciones.

Cuando se quiere, se puede, inténtalo

Repasemos este capítulo sobre creencias limitantes:

Paso uno: *Identifica la creencia limitante*

Paso dos: *Cancela/revoca todo contrato negativo en tu vida*

Paso tres: *Saca de tu entorno lo que te impide avanzar*

Dale carpetazo al pasado, toma las riendas de tu vida y sigue adelante, tu amante te espera inclúyelo en tu día.

Capítulo 4

Vive el aquí y el ahora

Hoy, solo te pediré que te des permiso de vivir el aquí y el ahora, este es un momento que tu cuerpo te agradecerá, que a tu mente fortalecerá y a tu espíritu le dará vida.

¿Qué es el aquí y el ahora?

Es disfrutar lo que tienes en este momento, es vivir con toda intensidad el espacio y las personas con las que te relacionas, es calificar de mágico lo que estés viviendo en este día, en este espacio y con esta gente.

Desconéctate del pasado y del futuro, respira profundo, siente, observa, huele, toca, escucha atento, degusta lo que tienes a tu alcance HOY.

Puede ser que estés en tu casa, tu oficina, el jardín, el salón de clases, tu carro, en la fila del banco en donde estés justo ahora que lees este libro.

Si pudieras te pediría que buscaras un lugar donde puedas estar en contacto con la naturaleza, un parque, el bosque, tu jardín, la playa y que te sentaras en el piso, pero lo puedes hacer donde tú quieras lo importante es que te conectes a ese espacio; siente, olfatea sus componentes: agua, tierra, viento, arena, césped. Deja suelto tu cabello, abre bien los ojos, respira profundo, escucha lo que la naturaleza te está regalando en ese momento, quítate los zapatos, observa las hormigas, los peces, las ramas secas, la tierra, las aves, el movimiento de los árboles, su tamaño, color, textura.

Un día para una clase en el Diplomado de Técnicas Gestalt y manejo de grupos, nos llevaron al parque del Laguito en Matamoros, nos dieron la instrucción de vivir el aquí y el ahora, nos indicaron que silenciáramos nuestra mente. Yo busqué un lugar para sentarme en el pasto, justo al poner la mano en él, se me clavaron 3 cadillos, mi primera reacción fue pensar, estoy viva y agradecí a Dios por estarlo. Después me puse a ver las hormigas, había de varios tamaños y colores; pedí a Dios que no me picaran. Por un momento me dio nostalgia estar ahí, tratando de vivir el aquí y el ahora y una lagrima rodó en mi mejilla sin poderla controlar. Repentinamente un sonido diferente captó mi atención, un pato andaba queriendo subirse a una pata y ella no se dejó y se alejó.

Me di cuenta de que todo me distrae, como a muchas y muchos de ustedes queridos lectores. El sonido de una bocina que anunciaba su producto, la gente caminando, los niños queriendo alcanzar a los patos, los padres que no los detenían. Y así es como pasa el día, distrayéndonos por ruidos externos, la gente que nos critica, el jefe que nos regaña, el esposo o esposa que nos pide atención. Si no podemos tener un momento con nosotros mismos, pronto nos sentiremos perdidos.

Te propongo que cuando estés en ese lugar que escogiste, cierres tus ojos, respires profundo, motiva tu olfato, notarás que tu respiración cambia, se vuelve más lenta, agudiza tu oído como si quisieras escuchar el latido de tu corazón, pon tus manos en el suelo, activa esos sentidos que trabajan automatizados por tanta actividad diaria. Deja que tu mente fluya, si comienzas a pensar en lo que tienes que hacer mañana, vuelve a intentar otra respiración profunda y céntrate en el aquí y el ahora. Cada día tiene su afán y el de este momento es conectar tus sentidos con la naturaleza, vive y disfruta cada momento.

Hacer este ejercicio no te va quitar más de 10 minutos, hazlo rutina, intégralo a tu día, cada vez te será más fácil concentrarte y experimentar ese momento contigo mismo, con tu universo interior el cual te agradecerá, no solo tu cuerpo y mente, sino también las personas que te rodean, tus hijos, pareja, empleados, compañeros laborales, alumnos y hasta el personal de tiendas de consumo, porque estarás más concentrado en lo positivo y tendrás una perspectiva de la vida más saludable, recuerda que como te comuniques es como reaccionarán los que te rodean.

"Toda la negatividad es causada por una acumulación de tiempo psicológico y la negación del presente. El malestar, la

ansiedad, tensión, estrés, la preocupación y todas las formas del miedo son causados por mucho enfoque en el futuro, y poca presencia. La culpa, el remordimiento, el resentimiento, la tristeza, la amargura, y todas las formas de la falta de perdón son causados por mucho enfoque en el pasado y poca presencia". Eckhart Tolle

Para vivir el aquí y el ahora debes poner más atención a lo que haces y dices, observar lo que está a tu alrededor también es un buen ejercicio. Si te dijera en este momento algo simple como: cierra tus ojos, piensa y responde ¿qué hay en la mesa de tu comedor en este momento? ¿Podrías describir cada artículo que ahí se encuentre? si eres de las personas que no solamente tienes un adorno de centro de mesa, sino dejas el salero, la salsa, algunos libros, tus llaves, ¿serías capaz de mencionar que hay y en qué lugar específico están? Tal vez si, o quizá no, pero esto es un buen ejercicio, perdemos los detalles y solo pensamos en la mesa. Así pasa con las personas cercanas a ti.

¿Recuerdas que vestía tu hijo o tu pareja la última vez que la viste? ¿Te das cuenta la importancia de los detalles?, no pierdas la belleza que pueden experimentar tus ojos en este momento, porque este preciso momento es el mejor de tu vida, *lo pasado ya no está y lo futuro no sabemos si vendrá.* Concéntrate para poder llegar al autoconocimiento, para saber disfrutar cada momento, al estar en paz todo tu entorno cambiará, me atrevo a decir que tu salud mejorará, las relaciones amorosas resplandecerán para vivir nuevas emociones, sin prisas, sin culpas, solo disfrutar del momento sin otra distracción que vivir el aquí y el ahora.

Repasemos este capítulo: vive el aquí y el ahora

Paso uno: *Date permiso de sentir*

Paso dos: *Desconéctate por un momento*

Paso tres: *Ejercita tu mente en el aquí y ahora*

Te repito, el pasado ya no está y el futuro no sabemos si vendrá, vive, disfruta, la vida es aquí y es ahora.

Capítulo 5

Un vistazo a tu día

Uso de un diario para hacer conciencia del tiempo

Creer que haces de todo, así como pensar que no haces nada en tu día, tiene un sentido irreal. ¿Puedes imaginar un día sin hacer nada? Sé que se vinieron a tu mente anhelos de estar acostado viendo la televisión, o el celular, comiendo botana en pijama todo el día. Pues que crees, eso, no es hacer nada.

La descripción real de la no actividad es el reposo, por lo tanto, sí estás haciendo algo, estas acostado viendo la televisión o el celular, también estas comiendo botana, la cual no llego sola a la cama, la tuviste que llevar de la cocina a la cama y tu mandíbula, dientes, lengua y todo el tracto digestivo está en acción trabajando para llevar los pocos nutrientes que pueda tener lo que ingieres. Recuerda que es mejor una comida saludable, pero eso ya lo sabes porque lo vimos en el capítulo anterior, aquí lo importante es tomar conciencia de lo que hacemos en las 24 horas que tiene nuestro día.

Les platico que en una etapa de mi vida desarrollaba hasta 8 o 10 actividades profesionales, personales y "gustos" a la vez. Cumplía con un trabajo de editora en un periódico local, era propietaria y directora de un Jardín de Niños, daba clases de inglés, terapia de lenguaje, gimnasia cerebral para esos pequeñitos, dirigía mi propia agencia Funeraria, en ese entonces mis dos hijos eran adolescentes, tenía esposo y casa que atender, en ese mismo tiempo era Coordinadora de la Red de Mujeres Periodistas de Matamoros, cumplía con todos los eventos públicos que requerían de mi presencia, apoyaba a Asociaciones Civiles en sus eventos de recaudación de fondos, todo esto sin desatender la parte social, la comida y limpieza de mi hogar. *"Me creía la mujer maravilla"*, sentía que satisfacía a todos, hasta que un día me di cuenta de que en todos lados me hacían la misma pregunta: ¿Dónde andas que nos tienes tan abandonados? No podía creer lo que me decían, yo sentía que cumplía con todos, que daba mi máximo y que lo hacía muy bien.

Una enfermedad llamada "Burn out" (El Síndrome Burnout-quemado-fundido es un tipo de estrés laboral, un estado de agotamiento físico, emocional o mental) fue la cómplice de todos ellos, porque de tantas actividades me desgaste, queme literalmente toda la pila que traía. Fue ahí donde puse en conciencia y por escrito todo lo que hacía en el día y me di cuenta de que a pesar de que realizaba muchas cosas no estaba rindiendo en ningún lugar. La tarea fue poner prioridades, delegar y eliminar de mi vida actividades que no fueran esenciales, en mi caso no tomó mucho tiempo, casi fue inmediato el cancelar toda actividad porque la misma enfermedad me lo exigió.

Por eso aquí la recomendación es el uso de un diario ahora que estamos bien de salud y que podemos poner prioridades de una manera saludable, sin tener que enfermarnos.

Tomemos conciencia de las actividades que realizamos y no dejemos pasar las acciones importantes para nuestra salud física y mental.

El ejercicio para llevar un diario es muy sencillo, quizá ya lo hiciste de adolescente, contándote a ti mismo todas las aventuras que realizabas en el día. Yo recuerdo que cuando estaba en la secundaria tenía un diario de la Hello Kitty, muy hermoso, por cierto, contaba con un candado pequeño y la llave la llevaba conmigo dentro de una cadenita en mi cuello, eso para mí era como cuidar el tesoro de mi vida, no me dormía sin escribir en él, le contaba mis sentimientos, acciones y pensamientos. Todos ellos de igual importancia, si mi cabello amanecía mas chino que de costumbre y me obligaba a hacerme un chongo o coleta con una cantidad abundante de gel para peinar, eso estaba ahí escrito. Si a mitad de clase me dolía el estómago por haber comido una fritura con chile, iba para mi diario.

Si veía de reojo al niño que me gustaba, por supuesto que eso estaría en mi diario. Llenaba hojas platicándole a mi diario todas mis hazañas. No era un fastidio tener que escribir antes de dormir. Era la gran novela de mi vida, y eso es lo que te invito a hacer, escribe las aventuras, incluye lo que comes, lo que tardas en bañarte y arreglarte, **"conocer para poder cambiar"**.

Cuando aprendes algo nuevo, sin duda lo querrás llevar a cabo, incluirlo a tu vida diaria, ya sea un nuevo idioma, una nueva aplicación a tu celular y pasas horas viendo lo que se puede hacer en ella. Pues así es con el uso del diario, en este momento podrás pensar, ¿de qué me sirve escribir en un diario? No soy adolescente, y tampoco me imagino cargando al cuello una pequeña llave como tesoro.

Un diario sirve para que te des cuenta de lo que haces en tu día, en que inviertes más tiempo, cuales son las actividades que repites con más frecuencia. Con esta información tú puedes comenzar a controlar que quieres y que no quieres continuar haciendo, que satisface tus necesidades, que aporta beneficios para ti.

Incluye también tus gastos, esa puede ser otra aplicación ya que existen en el mercado digital varias en donde puedes llevar registro de tus gastos diarios, te sorprenderías si la usas. En lo personal cuando inicié a subir a esta plataforma mis gastos, me di cuenta de que existen pequeños, casi invisibles egresos como son las propinas en los semáforos, centros comerciales, estacionamientos.

Cuando llevamos un diario de actividades, gastos o ingresos lo estamos llevando al consciente dando entrada al conocimiento, y como te dije antes **"conocer para poder cambiar"**.

En alguna etapa de la vida puede ser que te sientas perdido, las cosas no te salen como esperabas, tu pareja no es como imaginabas, ese trabajo que te hace levantarte todos los días no te satisface en lo absoluto, ni te da ganancias ni placer, entonces piensas ¿Qué estaré haciendo mal? Puedes dar vuelta a la cabeza hasta sentir dolor y no llega a ti la respuesta. Es momento de poner en práctica el uso de un diario. Ve y cómprate un cuaderno bonito, si quieres que tenga llave, escribe en tu celular o computadora usando una clave de acceso a tus notas, lo importante es que te motive a escribir, hasta puedes llevar notas de voz que por la noche puedas descargar a tu diario. Conocerás de ti mismo actividades que no te imaginas, que creías que no hacías nada, o, todo lo contrario, tu creyendo que eres la o el mil usos y te das cuenta de que gastaste la mitad de tu vida en una sola actividad. Debe ser muy detallada la descripción de tu día, también puedes escribir tu estado de ánimo al despertar, después de comer, cuando hablas con otras personas, con esto conocerás que te emociona o irrita, que te hecha a perder el resto del día o que te motiva.

Una colega tanatóloga, comenzó a escribir su diario, solo puso dos o tres líneas en el los primeros días y con el paso del tiempo parecía que le volaba la mano al estar sentada junto a la mesita de centro de su casa, escribiendo a detalle cada una de las actividades de su día, que comía, cuánta agua tomaba, que la hacía feliz, que disfrutaba al máximo, que la ponía de malas y a qué velocidad, porque algunas situaciones nos molestan pero hay otras que simplemente nos sacan de nuestras casillas.

Esta actividad diaria nos pone en conciencia de lo que hacemos y como reaccionamos, cuánto tiempo nos toma regresar a la "normalidad" de nuestro estado de ánimo.

El uso de un diario no solo es para conocer, también nos sirve para desahogarnos, purificarnos el día. Lo bajamos al consciente por medio de la escritura, lo trabajamos cancelándolo o revocando eso que no nos gustó y damos comienzo al descanso de nuestra mente al no llevar a la cama o al sueño todo eso que nos hizo sentir incómodos, fastidiados, aburridos, desilusionados.

Cuando ya tengas habilidad para la redacción de tu diario entrarás a otro nivel de vida, así como en los videojuegos, no sabes que te depara el destino, pero sigues caminando y explorando nuevos mundos.

Repasemos este capítulo: Un vistazo a tu día

Paso uno: *Lleva un diario detallado*

Paso dos: *Has tu lista de prioridades*

Paso tres: *Elimina lo no esencial*

Con amplio conocimiento de tu tiempo, podrás entonces escoger y planear con sabiduría el día siguiente usando una agenda.

Capítulo 6

Planea y organiza tu día
Comida, trabajo, diversión, pasión y descanso
Beneficios de usar una agenda

Un buen día, Enrique un amigo que deje de ver me llamó, ya habíamos hecho contacto por Facebook y de vez en cuando nos mandábamos mensajes de esos que te dicen buenos días y buenas noches. Pero ese día me dijo que deseaba platicar conmigo en persona, acepté muy entusiasmada, teníamos treinta años de no vernos, tantas historias por compartir. Me preguntó por el día que podría ser bueno para venir a verme, ya que él vivía en otra ciudad, al decirle espera voy a revisar mi agenda, creyó que jugaba, pero en realidad tenía que estar segura de que ese día y a esa hora podía atenderlo.

Ahí fue donde salió la duda si otras personas usaban una agenda para sus actividades diarias, semanales, mensuales, visitas, pagos, y acciones que requieren una fecha y hora para ser llevadas a cabo. Me di cuenta de que pocas personas organizan su tiempo.

El orden me lo enseñaron desde pequeña, tenía una hora específica para dormir y para despertar, para hacer mis obligaciones escolares, comida, descanso y juego. Cuando crecí y me hice mamá lo implementé con mis hijos, la importancia de dormirse temprano para descansar y tener una rutina para todo el día, los llevaba a la escuela y por la tarde no solo hacían la tarea escolar, sino también les ensenaba los quehaceres del hogar, a pesar de ser varones ellos aprendieron a limpiar, lavar vasijas, cocinar, hacer la cama y dejar sus pertenencias en orden, con un horario para jugar o ver televisión que les permitía disfrutar su edad.

Si pensabas que llevar una agenda es para los oficinistas, empresarios, líderes o personas profesionistas, pues déjame decirte que sirve para todos. Imagina un bebé que quisiera pasar todo el día pegado al pecho de su madre y ella se lo permitiera, ni él estaría satisfecho y la mamá no podría llevar a cabo otras actividades tan necesarias como comer, dormir o bañarse. Hasta los más pequeños de la casa deben tener una agenda, esto los enseña a llevar un orden en sus vidas. He escuchado a muchas madres que su hijo se duerme pasada la media noche, imagina a qué hora se levantará, su almuerzo sería comida y su comida cena, descartando totalmente alimentarse sanamente y desfasando su ciclo del sueño.

Mientras escribía este libro en el mundo estaban ocurriendo situaciones que jamás habríamos pensado en nuestros tiempos, era una pandemia que trastocó a todo el planeta. Fue como estar en guerra, la comida se escaseó, los artículos necesarios para la higiene volaron de los almacenes. No podíamos salir a la calle, lo primero que suspendieron fueron las clases, los niños tuvieron que permanecer en casa por un largo tiempo, las madres no estaban acostumbradas a convivir con ellos, ya que cada vez el horario escolar que se vivía antes de este suceso era muy extenso y los niños después de clases tenían tareas extraescolares que completaban casi las 12 horas fuera del hogar. Pero al llegar el COVID-19 como fue llamado este virus, todos tuvimos que quedarnos en casa por recomendación sanitaria. Ahí fue donde se colapsó el sistema interior del hogar, cada uno hacía lo que quería, a la hora que quería, no había un orden ni lugar para los quehaceres, tampoco para las actividades recreativas. Fue cuando la idea de una agenda cobró importancia, porque si respetamos la hora de dormir, levantarnos, comer, estudiar, tendremos un orden; ah porque las clases solo se suspendieron presenciales, ahora los pequeños tenían clases virtuales, las cuales las desarrollaban en cualquier lugar de la casa, otra de las recomendaciones fue buscar un lugar específico para atender estos eventos.

El uso de una agenda te deja una satisfacción inusual, porque puedes contabilizar y cuantificar las acciones que desarrollas diariamente, así como planificar tus eventos futuros.

No solo lleves una agenda para ti que tienes una vida profesional, lleva una para tus hijos o al menos en la tuya incluye pasar más tiempo con ellos.

La mayoría de las veces decimos que estamos muy ocupados, que no tenemos tiempo para tal o cual actividad, pero si organizas tu día, tu semana y tu mes, te sorprenderás la cantidad de ideas que pueden entrar en esas 24 horas que se te regalan cada día.

Planea tus vacaciones

Una agenda te sirve para muchas cosas, por ejemplo: planear unas vacaciones, escoger el mejor día para sorprender a tu familia llevándolos a un buen restaurante o idear que vas a hacer con el pago que recibirás por tu asistencia perfecta. Te puedo asegurar que llevarías un orden en tu alimentación y a su vez una mejor salud, ya que en ella puedes planear que día irás a la compra de víveres, hasta puedes organizar tu comida para la semana y así además de tiempo ahorras dinero porque si realizas un menú y compras solo lo necesario para la semana, te quitará hasta dolor de cabeza de pensar que voy a hacer de comer mañana. Te puedo sugerir también que la agenda la organicen entre todos los miembros de la familia, así podrán dar ideas de comida, paseos, actividades dentro y fuera de la casa, es un buen ejercicio de trabajo en equipo.

Planea el menú de la semana

El planear el menú de la semana era una actividad que nos gustaba mucho en familia cuando mis hijos eran pequeños, porque ellos podían escoger que comer en la semana, ellos eran ganadores porque cumplía sus antojos, pero no sabían cuánto me ayudaban, las madres que estén leyendo este libro me entenderán lo que es planear "que vamos a comer hoy". Entre todos hacíamos el menú de lunes a viernes, escogían el plato fuerte y las frutas que más les gustaban, eso me ayudaba mucho para hacer una lista de mandado y solamente comprar lo necesario para esa semana, rápido para ir al súper, fácil para cocinar y económico porque solo adquiría lo que se consumiría.

La agenda familiar puede estar pegada en el refrigerador o ser mandada por WhatsApp a los interesados, ustedes pueden decidir dónde ponerla pero que sea visible para todos.

En la agenda ya sea personal, profesional o familiar es muy importante que planeemos descansos, vacaciones y hobbies. Si planean sus actividades les dará tiempo para escoger el mejor lugar en cuanto a espacio, traslado y economía.

Cuando te platiqué que podía llevar a cabo múltiples actividades al día fue ayudada por una agenda, desde el momento que me despertaba tenía claro los compromisos para ese día, también ponía alarmas en mi celular para que me recordara de la siguiente cita. En lo personal te puedo asegurar que, así como llegas a tiempo a tu trabajo, llegarás a tiempo para ir al parque con tus hijos. Lo importante es distribuir el día de la mejor manera, dando tiempo para descansar, trabajar, convivir con la familia y lo primordial para ti, la conquista de tu amante.

Espero que después de hacer tu diario y planear con tu agenda tus actividades ya tengas en claro cuál es tu amante.

Te voy a dar una pista, cuando escribiste en tu diario alguna actividad o persona y suspiraste por no tener el suficiente tiempo para ella, ese podría ser tu amante.

Cuando planeaste en tu agenda tiempo para leer, regar tus plantas, ir al café los jueves con tus amigas, eso también podría ser tu amante.

Para un amante siempre tendremos tiempo, entusiasmo, actitud positiva, deseo de estar ahí compartiendo tu espacio y esencia.

Si para este nivel de lectura no lo has encontrado, no te preocupes todavía quedan capítulos por explorar y conocer lo que realmente quieres para tu vida.

Repasemos este capítulo: Planea y organiza tu día

Paso uno: *Lleva una agenda*

Paso dos: *Comparte tus planes con los interesados*

Paso tres: *Disfruta tu tiempo*

Sinceramente esto te ayudará no solo a poder realizar más actividades sino sentirás una satisfacción inmensa de poder tener tiempo para esos "gustitos" que tanto has querido, ¿lo recuerdas? El objetivo de este libro, **encontrar un amante.**

Capítulo 7

La culpa

Por querer en tu vida un amante

Esa vocecita interna, ese pequeño retortijón que te da cuando te sirves una copa de vino cuando no están tus hijos, o una rebanada de pastel que les dijiste que no deberían comer porque ya se habían lavado los dientes para ir a dormir, a eso también, se le llama culpa.

Desde un punto de vista psicológico, la culpa es un sentimiento de responsabilidad por un daño causado, ya sea por acción o por omisión.

La culpa, por lo tanto, consiste en el descuido de la conducta debida para prever y evitar un daño, ya sea por negligencia, imprudencia o incapacidad.

En síntesis, la culpa es una sensación extraña que no te deja avanzar y que si la dejas puede seguir dentro de ti por toda tu vida, aunque no es lo mismo ser culpable que sentirse culpable.

En una gira de trabajo que realicé por varios estados de la república mexicana como coterapeuta de la doctora en tanatología Mayra G. Borjas García, pudimos "sacar" o más bien sanar una culpa que llevaba 23 años en una mujer. Cuando iniciamos el taller nombrado "El trabajo de la culpa" la participante, una señora de 46 años se auto presentó al auditorio como una mujer práctica, que no le importaba lo que pensaran de ella, que no trataba de caer bien a nadie y si les molestaba, dijo literalmente, "que vayan y chinguen a su madre". Cuando escuchamos su discurso inicial pudimos destacar que la mujer no estaba a gusto con su persona, su voz era ruidosa y su risa ensordecedora.

Para ponernos en contexto te diré que la culpa es como cargar una enorme piedra en la espalda que no te deja avanzar y si lo haces es doloroso, te mueves más lento y cada vez la sientes más y más pesada. Regularmente la culpa es infundada, la creamos nosotros mismos por alguna acción que creemos está equivocada, otras veces solo para hacernos sentir mal por alguna situación que no está en nuestras manos.

¿Ser culpable o Sentirse culpable?

Déjame decirte que no es lo mismo Ser culpable que Sentirse culpable, a menudo nos sentimos culpables por la educación de nuestros hijos, por un sueño no cumplido, por un matrimonio que terminó, pero no vemos todo lo que sí hemos realizado para que esto no sucediera, la verdad aquí es que podemos estar haciendo todo lo que está en nuestras manos, pero si depende también de alguien más el resultado, ahí es donde no es completamente nuestra responsabilidad.

La culpa es muy fácil de identificar, si en el momento que estás leyendo este libro viene tu hijo y te pide de comer y tu deseas seguir leyendo, sientes como una punzada en el estómago, te puede dar coraje porque ya habías organizado todo para poder estar un rato leyendo.

Si dejas de leer te puedes sentir culpable porque no respetan tu tiempo, si continúas leyendo te puedes sentir culpable por no alimentar a tu hijo. Pero la verdad no afectaría mucho si resuelves la situación, si es hora de comer pues deja a un lado el libro por un momento y alimenta a tu hijo, si todavía falta y no hay ningún problema para que espere, habla con él y termina la página y ve a hacer lo necesario.

Desgraciadamente para muchas personas cuando sienten culpa van desarrollando tristeza, añoranza por lo que no pudieron hacer y cada vez van teniendo pensamientos negativos por más situaciones.

La culpa es semejante a la mentira, la dices o la tienes una vez y para cuando te das cuenta es mayor, crece dentro de ti no solo la culpa sino los remordimientos de ese estado o situación que según tú causaste.

Primero que nada, tendremos que analizar si realmente eres culpable, si así fuera ¿crees que el tiempo de dolor y sufrimiento ya ha sido el necesario para el castigo?

Todo el que aparece culpable por la ley le dan una condena, tú, has pagado por ella siendo o no culpable. La diferencia es que no te llevaron a un juzgado, sino que tú te diste la condena. Para sanar la culpa debemos tener en claro la acción que nos llevó a tenerla, remontarnos a ese tiempo, analizar los detalles, esto lo puedes hacer escribiendo sobre el evento que te causa la culpa, describe el tiempo, el espacio, las personas involucradas, pero también la falta de conocimiento de la causa. Si es sobre el cuidado de tus hijos, recuerda que no nacimos sabiendo ser padres o madres y que siempre hacemos lo que podemos en ese momento. Si es sobre tu matrimonio fallido, en una pareja hay 2 integrantes y los mismos son responsables de cualquier acción negativa o positiva en su entorno. Si es sobre el trabajo, analiza tu capacidad profesional para desarrollar tal o cual actividad que te haya sido encargada. Si es tu salud, revisa tu alimentación y ejercítate. Si es en la economía, enlista los gastos diarios, ya tienes un plan, ya llevas una agenda puedes conocer la necesidad de tus prioridades.

Cuando ya hayas identificado la *supuesta culpa*, porque recuerda hasta en el juzgado, toda persona es inocente hasta que se demuestre lo contrario.

Escribe una carta, relata todo lo sucedido con

detalle de tiempo, clima, paisaje, lo más descriptiva y objetiva que puedas. Puedes usar las 6 preguntas de un buen periodista:

¿Qué?, ¿Dónde?, ¿Cuándo?,
¿Quién?, ¿Cómo?, ¿Por qué?

Relato de la supuesta culpa

¿Qué sucedió? _______________________________

____

¿Dónde sucedió?______________________________

¿Cuándo sucedió?_____________________________

¿Quiénes fueron los protagonistas?______________

____

____

¿Cómo sucedió el acontecimiento? ______________

____

____

____

¿Por qué sucedió?____________________________

____

____

Cuando ya estés centrado y consciente de lo que te hace sentir la culpa, debes preguntarte si realmente tu cometiste eso que te atormenta, si tu respuesta es sí, revisa por todo lo que has pasado, el tiempo, el sufrimiento y aspectos que te hacen sentir mal. Si tu respuesta es no, has el mismo procedimiento, para cualquiera de los casos sincérate contigo mismo para afrontar las consecuencias, para toda culpa hay un castigo y tú ¿ya te castigaste lo suficiente o necesitas más tiempo? Esta puede ser una pregunta muy fuerte, pero debes analizarla, pensar detenidamente si por lo que has pasado, lo que has vivido es suficiente. Recuerda que eres humano o humana y puedes equivocarte. Ya es hora de que pienses en ti, en ese amante, en lo que quieres para ser feliz, para estar en paz, en armonía, en sintonía, vibrando positivamente, haciendo lo que te gusta y satisface tus necesidades o caprichos porque no. Cómprate ese libro, arregla tu jardín, remodela tu cocina, cambia tu coche, viaja, ríe, vive, te lo mereces ya lo sacaste de ti, ya no eres culpable, **TE DECLARO INOCENTE** de todo aquello que te ataba.

Repasemos este capítulo: La culpa

Paso uno: *Identifica la supuesta culpa*

Paso dos: *Revisa el castigo que te has dado*

Paso tres: *Libérate, no eres culpable*

La culpa puede ir en aumento si la dejas, perdonarte ahora mismo puede ser tu mejor regalo para seguir adelante de una manera saludable.

Capítulo 8

El perdón

A ti y a tus deseos no cumplidos

En el capítulo anterior pudimos identificar, trabajar y sanar la culpa, ahora es tiempo del perdón, primero a uno mismo.

Cuando la culpa permaneció por un largo tiempo en nuestra vida, es probable que el perdón tenga una característica semejante.

Es más fácil perdonar a otros que a uno mismo porque al conocer nuestras debilidades te puedes sentir vulnerable, déjame decirte que es parte de la vida sentirse así, la vida tiene diferentes matices no todo es bueno y malo, aquí lo importante es que ya lo pudiste identificar.

Una paciente de 37 años divorciada y con 3 hijos llegó a mi consultorio porque no podía dormir, llevaba 4 días con descansos intermitentes, cuando lograba conciliar el sueño no pasaban 2 horas y despertaba sintiéndose culpable por la separación, por dejar a sus hijos sin padre, decía. El divorcio fue de común acuerdo porque ya no tenían una vida feliz juntos, cada uno, hacia actividades sin contar con el otro, pero lo que no habían tomado en cuenta eran a los hijos, lo que les pudiera afectar, ellos como pareja pactaron una separación, fueron al juzgado y dieron por terminado 10 años de matrimonio, sin pleitos, sin alegatos, dividieron sus finanzas, sus bienes y sus hijos. Cuando se dieron cuenta ya vivían en diferentes casas, pero ella no podía dormir, comer, ni le daban ganas de arreglarse.

El primer paso para el auto perdón es asumir que una experiencia negativa o un error no te hacen mala persona, las situaciones que vamos viviendo nos capacitan para ser más cuidadosos en nuestras acciones.

Hay que volver a comenzar, reparar el daño. En este caso animar la convivencia del padre con los hijos. Los resbalones son señales, aprende de ellos.

Abrázate, mírate al espejo, dile a tu reflejo cosas bonitas, recuerda tus éxitos, la gracia para llevar tus labores profesionales, tus relaciones amorosas, sonríele a esa imagen que a pesar de que la ves todas las mañanas para cepillar tus dientes y ponerte guapo o guapa para el día nunca le decimos un piropo para animarla a seguir adelante, a continuar con la vida, a disfrutar cada momento. Eres con quien despiertas y con quien te duermes, perdónate por lo que hayas hecho y trabaja para ser una mejor persona. Evita volver a pensamientos negativos sobre ti, cuando estos lleguen a tu mente, tócate un dedo, apachúrralo y recuerda todas las cosas bonitas que te dijiste en el espejo por la mañana.

Perdonarse a sí mismo, a sí misma es un trabajo muy personal, debes permitirte soltar el pasado y emprender un nuevo y mejorado camino al futuro. El autoperdón evita que te autocastigues. Cuando sientes que no cumpliste un deseo, que de niño o niña pensaste que al llegar a los 25 años ya habrías terminado una carrera universitaria, que a los 30 ya estuvieras casado, con hijos y manejando tu propia empresa, que a los 40 estuvieras viviendo en tu casa propia con un coche del año a la puerta o tantas historias que he escuchado de deseos no cumplidos. Algunos por voluntad propia, otros por las circunstancias, la economía, el entorno en el que fueron criados, porque se les fue el tiempo "viviendo" una vida que no les satisface. Como a un robot que le pusieron una aplicación de sobrevivencia, despiertas, trabajas, comes lo que puedes, trabajas, duermes, y despiertas otra vez en el mismo lugar y con el mismo deseo no cumplido de llegar a ser ese que tanto soñaste. En estos casos ni el pensamiento de un amante pude llegar a tu cabeza, no tienes tiempo, ganas, dinero para tener esa, ese o eso que te dé un poco de alegría a tu vida, que te haga sentir que realmente estás vivo, que puedes disfrutar, sonreír y gozar.

Perdónate con amor

Es momento de perdonarte por ese deseo no cumplido, sin reproches, con amor y dulzura. Escribe en una hoja de papel todo lo que habías querido ser o tener hasta este momento. No culpes a nadie, menos a ti mismo.

Te invito a hacer un ejercicio, toma una hoja de papel y escribe, como si estuvieras haciendo una lista de actividades. Concéntrate, toma tu tiempo, respira profundo, suelta todo eso que deseaste tener y que hasta ahora no has podido lograr. Debes ser lo más específico posible, ve hacia la niñez, la adolescencia, tus estudios, la juventud, madurez, etc.

Toma la hoja de papel y quémala, al estar viendo como se consume agradece por todas esas vivencias, cualquier actividad que hayas hecho en el pasado te ayudó para formar la persona que eres ahora. Respira profundo y repite en voz alta: gracias, gracias, gracias.

Déjate llevar hacia una nueva historia de tu vida, como cuando una telenovela ha gustado tanto que le dan un giro a la trama para extenderla y que siga al aire, eso vamos a hacer.

Es momento de tomar manos a la obra, sí a la obra de tu vida. Esta vez puede ser no solo una hoja de papel, puedes realizar este otro ejercicio en tu laptop, celular o donde se te haga más fácil escribir.

Comenzaremos con la edad que tienes en este momento, es como si fuera tu día de nacimiento, no tienes que escribir nada de tu pasado, que has hecho o como has vivido. Todo inicia hoy, escribe a detalle lo que quieres cumplir, has una lista de metas a corto, mediano y largo plazo donde tú eres el protagonista, si quieres puedes incluir al reparto las personas que quieres a tu lado, el lugar donde deseas realizarlas, se tan descriptivo como puedas, recuerda es la telenovela de tu vida, pero ahora contada por tu propia voz, escrita con tu puño y letra, *date vuelo,* solo tú tienes el límite para reinventarte y desear lo que está por venir.

Qué bien se siente ser perdonado y haber perdonado al que alguna vez te ofendió, ¿verdad?

Ahora es tiempo de soltar y dejar ir el pasado, mira hacia el futuro. Eres el protagonista de tu propia historia sin culpas, sin rencores primeramente hacia ti y a los que quizá te hicieron daño.

ESTÁS PERDONADO

Repasemos este capítulo: El perdón

Paso uno: *¿Hay algo que perdonar?*

Paso dos: *Escribe lo que hay que perdonar*

Paso tres: *Agradece la experiencia vivida*

Lograr el autoperdón te permite volver a amarte, reforzar tu autoestima y comenzar de nuevo.

Capítulo 9

Afirmaciones

Para el éxito financiero, laboral, amoroso y de salud

La palabra "afirmar" se suele usar cuando se tiene seguridad total sobre un hecho y este hecho, aunque todavía no lo tengamos debemos declararlo como tal.

Todo lo que hablamos y también lo que pensamos el universo lo cree como una afirmación, entonces imagina que siempre te estás quejando de todo, por ejemplo, mi empleo es un asco, odio mi carro, siempre pierdo las cosas, me aburre mi vida. Y que crees, pues que sí, realmente tu trabajo da pena, tu carro apenas camina, y tu vida es monótona. Todo esto pasa porque tú así lo declaras.

Las afirmaciones ya sean positivas o negativas las creas solo tú, y muchas veces ni te das cuenta.

Trabajar con afirmaciones es muy simple, lo único

que se te pide es creer, recuerdas que te había dicho que *"lo que se cree se crea"* este es un buen momento para ejercitarlo.

Con el uso de afirmaciones positivas creamos un estado emocional placentero y atraemos lo que queremos.

Te puedes preguntar, ¿Qué son las afirmaciones positivas? Y la respuesta es muy simple, son frases que repites continuamente para que se queden en tu subconsciente y con esto puedas cambiar tu forma de pensar desde lo más profundo. Una afirmación es el acto de asegurar o dar por cierto algo. Por eso es muy importante que analices tu forma de hablar y de pensar, porque al repetir una frase ya sea solo con el pensamiento afirmas que sucederá.

Mariana una paciente de 25 años solía repetir continuamente que todo lo perdía, al preguntarle por un ejemplo, lo primero que se le vino a la mente por ser un evento que la marcó en su vida fue, "yo siempre pierdo las cosas, es más cuando tenía 3 meses de embarazo me fui a realizar un ultrasonido y resulta que mi bebé ya no estaba ahí, lo perdí y ni cuenta me di".

Las pruebas de laboratorio caseras y de sangre indicaban que estaba embarazada pero la máquina de ultrasonido para poder medir y escuchar a su bebé indicaban que no había nada en su vientre, y ella confirmo lo que decía, "siempre pierdo todo, hasta mi bebé lo perdí y no me di ni cuenta". Como su panza seguía creciendo y ella sentía movimientos fue y se realizó otro estudio y ¿qué creen? El bebé estaba ahí dentro, y esta es una historia donde les puedo contar que tiene 2 años de vida ese pequeñito. Pero ella a pesar de que puede ver a su hijo a un lado seguía diciendo que todo perdía, y aunque le dijera que no era verdad, puesto que podía ver a su hijo, ella seguía insistiendo. Con esto les quiero comentar que es muy importante la postura que queremos ante la vida, si continúas repitiendo con palabras y hechos eso que te hace sentir mal, seguirás atrayéndolo a tu vida, ahí la importancia de cancelar toda creencia limitante como ya lo habíamos visto en capítulos anteriores e inicies con afirmaciones positivas de hoy en adelante.

¿Cómo funcionan las afirmaciones? Cuando verbalizamos algo y lo repetimos varias veces, tarde o temprano influirá en nuestros pensamientos y acciones.

Las afirmaciones deben ser en presente, de preferencia breves y específicas, regularmente pueden comenzar con soy o estoy.

Soy feliz

Soy amada o amado

Soy alegre

Soy saludable

Soy positiva o positivo

Soy valioso o valiosa

Soy disciplinado o disciplinada

Soy un imán para la fortuna

Soy un imán para el amor

Soy un imán para la prosperidad

Soy un imán de la abundancia

Estoy viviendo mi vida soñada

Tomo decisiones inteligentes

Estoy ganando $_____________ al mes

Aprendo de mis errores

Creo en mí

Soy exitosa o exitoso

Amo mi trabajo

Soy capaz de ajustarme a cualquier cambio

Mi espíritu es libre y ligero

Estos son algunos ejemplos de afirmaciones, estoy segura de que tú tendrás muchas más en mente, la recomendación es que sean parte de tu día, comienza verbalizándolas por la mañana, cuando estés pensativa, cuando estés aburrido, antes de comer, durante el baño, al irte a dormir, cualquier hora es buena para declarar lo que quieres en tu vida.

Las afirmaciones trabajan de inmediato y cuando ya tengas dominada las afirmaciones breves puedes ejercitarte en otras mucho más específicas y con todos tus deseos incluidos, por ejemplo:

El dinero llega a mí constantemente, de forma continua y de diversas fuentes.

Todo lo que he soñado toma forma y se manifiesta inmediatamente.

Siempre atraigo lo que necesito para un futuro glorioso.

Obtengo un gran ingreso haciendo cosas que me gustan.

Recuerda que lo que declaras se manifiesta, es decir **"lo que crees lo creas"**. Es sorprendente como una afirmación recurrente puede cambiar tu vida, el límite está en ti.

Repasemos este capítulo: Afirmaciones

Paso uno: *Analiza tu forma de hablar y pensar*

Paso dos: *Imagina lo que quieres en tu vida*

Paso tres: *Repite tus afirmaciones cuantas veces sea necesario*

Declara y afirma lo que deseas y el universo trabajará para ti.

Capítulo 10

Liberación personal

Dejando atrás todo aquello que interfiere para poder avanzar hacia una vida saludable y feliz

La libertad es un derecho de las personas para elegir *de manera responsable* su propia forma de actuar dentro de una sociedad.

Tiene unos sinónimos que te sorprenderán, son: independencia, autodeterminación y autonomía.

Otro significado de la libertad es: el estado del individuo que no está sujeto a ninguna obligación, que obra conforme a su voluntad y naturaleza.

Obviamente que elegir ser libre no debe inclinarse a un libertinaje, irse a las pasiones, salirse de lo que es sano para uno mismo.

La idea de libertar es para avanzar hacia una vida saludable, responsable, suficiente, completa en todos los sentidos y así encontrar ese deseado amante que está esperando por ti en cualquier momento para ser poseído, compartir tu tiempo, espacio, amor, deseo, pero sobre todo respetando el tiempo de las actividades cotidianas y necesarias del ser humano.

¿Alguna vez has ido a un restaurante y sin ver la lista de precios has escogido el platillo que se te ha antojado? Bueno eso es libertad de decisión, porque no solo por hambre escoges tu alimento sino porque así lo quieres, también es libertad financiera porque tienes la capacidad económica para pedir a tu antojo.

De algo así se trata la libertad, podemos también hablar de la libertar de escoger a tu pareja, ciudad donde se desea residir, la cantidad de hijos que deseamos tener, etc.

Si te pones a pensar desde el momento que despiertas cuanta libertad existe en tu persona, te podrás dar cuenta si eres feliz o no. Si te agrada con quién, en dónde y a qué horas despiertas, eso sería un buen indicador para saber qué tanta libertad hay en tu vida.

Para poder llegar a este punto, debemos repasar las veces que sea necesario los capítulos anteriores, porque muy a menudo solo son las creencias limitantes las que nos impiden tener la libertad de desarrollarnos de acuerdo a nuestros gustos, ya que seguimos imitando lo que nuestros ancestros han realizado en varias generaciones, como puede ser la pobreza, la infidelidad, la tristeza, hasta intervienen en nuestra cultura por la educación que hemos visto, aunque ya nosotros hayamos estudiado y sobrepasado el nivel educativo de ellos, seguimos pensando y hablando "como lo hacía mi abuelo". No es malo recordar y que nuestros ancestros trasciendan a través de nosotros en algunas frases que repetimos, lo que no se vale es que sigamos cometiendo los mismos errores solo para pertenecer al clan, para no defraudar a mamá o papá.

En otras ocasiones la falta de administración de nuestro propio tiempo nos hace perdernos en el mar de "obligaciones" y no dejamos tiempo para nosotros, para tener el amante que se nos antoje.

La agenda ficticia, porque no llevamos una real administrada por nosotros mismos, está completa las 24 horas, hasta pareciera que no dejamos tiempo ni para dormir "a tus anchas", como se dice.

Vivimos muchas veces frustrados por lo que no pudimos hacer que no vemos lo hermoso del día de hoy, en otras ocasiones solo pensamos que vamos a hacer mas tarde, mañana, el próximo año en un futuro que no llega como lo esperamos y no disfrutamos el aquí y el ahora. Recuerda que el presente es un regalo que expira antes de que podamos platicarlo.

Para una libertad espiritual debemos repasar también sobre la culpa, esta que no te deja avanzar y entorpece cada uno de tus deseos.

Se puede decir que la culpa es la piedra más grande con la que nos topamos en la vida, tan grande que no puedes saltarla ni rodearla, hay que encontrar la manera de quitarla. Éste es uno de los problemas con el que más vienen a mi consultorio, la culpa por un divorcio, por no dejar ir a un hijo ya fallecido, hasta por no tener la confianza en sí misma para ser feliz, ya que puede herir a otros por su manera de ser y de vivir.

El perdón también es muy necesario para poder alcanzar una libertar completa y liberación del ser.

Los rencores, el odio, la envidia son factores que dificultan nuestra vida, y que solo afecta al que lo siente. No creas que por odiar o envidiar a otros les haces un mal, el daño solo es para ti. Perdónate, perdona y libera.

Por eso es muy recomendable que cuando hayas terminado de leer el libro regreses al capítulo que necesites, el objetivo de este libro es ayudarte, asesorarte para tener un amante, es una guía, pero si requieres de mayor atención en algún área debes tomar el control de tu vida y hacer una cita personalizada para poder orientarte en el caso específico que te está separando de tu libertad de vivir una vida plena y feliz.

Cuando hablo de felicidad, no quiero decir que vayas a andar todo el día riendo por todo, sino que con lo que tienes, con lo que eres puedas tener un mejor estilo de vida, pleno y con libertad de escoger lo que sea mejor para ti y tú entorno. Para darte esa oportunidad que solo tú te puedes dar, el escoger el amante perfecto para tus placeres, para tus tardes o mañanas, tus noches y tus descansos.

¿Ya tienes en mente qué o quién será tu amante?

102

Repasemos este capítulo: Liberación personal

Paso uno: *Elige tu forma de actuar*

Paso dos: *Repasa los capítulos que necesites*

Paso tres: *Toma el control de tu vida*

Elige tu estilo de vida, vive el aquí y el ahora, disfruta lo que viene a tu vida.

Capítulo 11

Un nuevo comienzo

A esa vida de transformación que te has propuesto
al trabajar todas las áreas de tu vida

El comienzo cualquiera que sea nos trasmite una sensación de esperanza por lo que está por venir.

El primer día en la escuela de cualquier nivel, el comienzo de una relación, el cambio de domicilio o de trabajo. Cuando comenzamos una rutina diferente ya sea de ejercicio, de alimentación nos llenamos de esperanzas positivas, lo platicamos, lo defendemos, hasta lo atesoramos por lo que nos pudieran decir al respecto de este nuevo comienzo. Aquí lo importante es que tú te sientas bien, todo cambio es un nuevo comienzo y es un área no explorada por lo tanto pueden venir algunas dificultades o situaciones en contra, por eso es que estoy aquí contigo para que trabajemos área por área lo que te está estancando a tener un amante.

En este nivel de lectura del libro de auto guía **Sin cuenta maneras de conseguirte un AMANTE,** hemos pasado por tu autoconocimiento, exploraste tu yo completo, observándote frente a un espejo tu físico, encontrando lo que supuestamente no te agrada y realzando lo que estoy segura que son muchos aspectos favorables y que te ayudan a ser la persona exitosa que ahora eres. En ese primer capítulo debiste explorarte mentalmente, cuáles son tus gustos y disgustos para trabajar en ellos, investigar todos tus deseos y buscar la manera de realizarlos, en cuanto a tus aspiraciones personales, profesionales, sociales, culturales y espirituales. Todo nuestro cuerpo debe estar en un mismo tono, como cuando buscábamos una estación de radio y por un mínimo punto o cifra no sintonizaba bien, se escuchaban otras voces o se iba la señal continuamente, eso es lo que pasa también en nuestras vidas, cuando no tenemos el tono correcto, algunas voces fuera de nosotros nos evitan estar en buena forma, como cuando quieres ponerte a dieta y tus amigas te invitan a merendar café con pan, tu les dices que iniciaste un nuevo régimen alimenticio y ellas te insisten en que *uno no es ninguno*, puede que caigas, pero después de haber leído mi libro, espero profundamente que digas, "no gracias" y sigas disfrutando de su compañía, de un rico café sin azúcar *(un buen café no necesita azúcar y un mal café no se la merece)*, una plática placentera, recuerda que socializar, aún en las circunstancias que te encuentres es muy favorable para tu crecimiento personal, lo expreso de esta manera ya que les quiero recordar que gran parte de este libro lo escribí durante la pandemia del Covid-19 que afectó al mundo entero y que hizo que cambiáramos la forma de ver las cosas, de disfrutar los momento y de socializar. Así como la pandemia están otras situaciones que nos hacen cambiar el rumbo, pero solamente es el camino porque la meta debe ser la misma, llegar a tener una vida plena, libre y encontrar a ese amante tan esperado.

Para un nuevo comienzo debimos haber conocido de dónde venimos, cuáles son los patrones de conducta que hemos estado duplicando, si son buenos o malos.

Muchas de las acciones que realizamos en el día son extraídas de nuestro subconsciente por haberlas visto hacer por nuestros padres o abuelos, no sabemos porque lo hacían pero nosotros los repetimos y muchas veces ellos también solo lo reflejan de sus padres y así se va haciendo un patrón de conducta que no tiene sentido, por eso es importante conocer a cerca de nuestros ancestros, que tipo de educación llevaron, como veían el amor, de qué manera suplían sus necesidades económicas, sus profesiones, gusto, disgustos, hasta placeres y es muy probable que nos sorprendamos haciendo lo mismo que ellos, pero ojo, también es común que tengamos los mismos errores, por eso es necesario cancelar toda la línea negativa de actividades, desamores, carencias y si es posible pedir permiso a nuestros padres vivos o en su tumba, de ser felices, amados, con unas finanzas libres y saludables en cuerpo y alma.

El presente nos muestra una oportunidad cada día de ser mejores, de crear nuevas creencias y vivir plenamente. Recuerda que *lo que se cree se crea* y tú tienes todo el potencial para desarrollar cualquier actividad personal o profesional si así te lo propones.

Las creencias limitantes están solo en tu mente y como tú eres muy creativo o creativa pues las haces realidad y no solo eso también le agregas drama. Un ejercicio constante de repetición de afirmaciones positivas irá sacando de tu mente toda idea negativa que tengas de la vida, del dinero, la salud y el amor.

Explora de donde vienen, mete ideas nuevas y verás que las anteriores saldrán automáticamente, solo tú puedes poner a prueba este ejercicio mental, mantente constante. Los patrones de conducta se hacen por repetición, por vista u oído. Identifica y aléjate de lo que te esté haciendo ruido para realizar tu cambio de vida.

Vive el aquí y el ahora, respira profundo, estas vivo, tócate a ti mismo, los brazos, piernas, cara, cuerpo y agradece por estar en las condiciones que tienes ahora mismo, sean las que sean, estás vivo y tienes la oportunidad no solo en este momento sino cada nuevo día de ser mejor, de disfrutar tu entorno, tu familia, tu casa, tu salud y trabajo. Respira profundo y lee en voz alta lo siguiente:

GRACIAS, GRACIAS, GRACIAS.

Vuelve a tu diario, ese que compraste y que ahora es tu cómplice todas las noches, platícale cuáles son tus deseos más profundos de la vida, que piensas del amor, de la compañía, de ti mismo, revisa si ha cambiado en algo tu forma de redactar de cuando comenzaste a escribir en él. Quizá ese sea tu amante y no te has percatado. Puede que tu redacción sea tan buena que te hayas animado a escribir un libro, comenzar un blog o escribir tus memorias, eso que quisieras que tus hijos no olvidaran y que pueda ser transmitido a tus nietos. Y no estoy diciendo de tus fallas, puede ser tus anécdotas juveniles, los viajes que has realizado, quizá un recetario para las futuras generaciones, sé que eres creativo y pondrás ese condimento especial en tu diario.

Al redactar o platicar a otros tus planes te obliga a cumplirlos, ya sea por pena o porque eres de las personas que dicen y lo hacen.

Por eso es importante que organices tus días para *el nuevo comienzo*.

La culpa ya no está, o quizá sigues trabajando en ella. Recuerda que siempre hay personas que te pueden ayudar, algunas situaciones son más complicadas para encontrar la solución y requieren de un profesional para explorar, analizar y corregir cualquier aspecto de tu vida que te esté impidiendo salir adelante y realizar todos tus deseos no cumplidos.

Tu amante viene en camino

Al perdonarte y aceptarte tu amante vendrá casi de inmediato, pon a tención a cada detalle en tu vida. Si sonríes es más *probable* que te sonrían, si agradeces es *muy probable* que te agradezcan, y si amas *es seguro* que te amen.

Repite tus afirmaciones diariamente, inventa unas nuevas cada día, comienza a ver el lado positivo de cada acción o situación en la que estés.

Afirma y confirma que estás en el lugar indicado y en el momento correcto de tu vida. Libérate de toda carga del pasado, *viaja ligero y vive ligero.* Ya no eres esa persona que tomó por casualidad este libro, porque se lo recomendaron o porque conocen a la escritora.

Ahora tienes herramientas para tu liberación personal y para escoger un buen amante que satisfaga tus deseos más profundos, que te hagan avanzar a esa vida saludable y feliz que has querido tener, plena por dentro y por fuera.

Un nuevo comienzo está aquí y ahora, respira profundo, la vida de transformación que te has propuesto está por comenzar, trabaja todas las áreas de tu vida.

Repasemos este capítulo: un nuevo comienzo

Paso uno: *Analiza tu situación actual*

Paso dos: *Repasa los capítulos que necesites*

Paso tres: *Date el permiso de un nuevo comienzo*

Tu vida, tu historia y tu futuro dependen solo de ti. Se creativo y comienza a vivir.

Capítulo 12

¡Lo mejor está por venir!

¡Ya estás lista, ya estás listo para tener un amante!

Justo cuando la oruga pensó que era su fin se transformó en mariposa.

Así es como la vida nos da nuevas oportunidades y siempre lo mejor está por venir. En mi juventud cuando me reunía con amistades en parejas, veía que muchas de mis amigas, aunque tenían un buen esposo, una profesión que desempeñaban muy bien, iniciándose como madres, no estaban nunca felices. Me veían que, con dos hijos pequeños, mi trabajo y esposo siempre tenía una sonrisa, paseábamos mucho juntos también por separado por mi profesión. Un día les dije en una de esas reuniones que teníamos los jueves de solo mujeres, (ellos cuidaban de los niños y nosotras íbamos al café o al cine) ¿Por qué no se consiguen un amante?, una casi me deja de hablar, otra se escandalizó solamente y otra se fue por otro camino, no el que yo trataba de animarlas a seguir.

Tener un amante es como lo dijo Jorge Bucay:
"Un Amante es cualquier cosa que nos apasione, lo que ocupa nuestro pensamiento antes de quedarnos dormidos y también aquello que, a veces, no nos deja dormir. Nuestro amante es lo que nos vuelve distraídos frente al entorno, lo que nos hace saber que la vida tiene motivación y sentido".

Con el contenido de este libro estoy segura de que encontrarás ese amante, al descubrir todo el potencial que hay en ti, podrás tener un gran jardín, aprender un nuevo idioma, cocinar platillos más sofisticados, cuidar de tu cuerpo y alma. Hay tantas y tantos amantes que están a la espera que los tomes en tus brazos, les dediques tu mejor sonrisa, tus suaves labios, tus manos tersas, eso que tienes escondido y que no le has querido dar a nadie más.
Lo mejor está por venir, es tiempo de cambiar, porque si no te has dado cuenta cada día eres una

nueva y mejorada persona, todo cambia y tú también lo puedes lograr.

Todo Cambia como lo plasma Julio Numhauser en su canción con este mismo nombre:

Todo Cambia

(Julio Numhauser)

Cambia lo superficial

Cambia también lo profundo

Cambia el modo de pensar

Cambia todo en este mundo

Cambia el clima con los años

Cambia el pastor su rebaño

Así como todo cambia, que yo cambie no es extraño.

Cambia el más fino brillante, de mano en mano su brillo,

Cambia el nido el pajarillo,

Cambia al sentir un amante,

Cambia el rumbo el caminante, aunque esto le cause daño,

Así como todo cambia, que yo cambie no es extraño.

Cambia todo cambia

Cambia el Sol en su carrera, cuando la noche subsiste,

Cambia la planta y se viste, de verde en la primavera,

Cambia el pelaje la fiera, cambia el cabello el anciano,

Así como todo cambia, que yo cambie no es extraño.

Pero no cambia mi amor, por más lejos que me encuentre,

Ni el recuerdo ni el dolor, de mi pueblo de mi gente,

Y lo que cambió ayer, tendrá que cambiar mañana,

Así como cambio yo, en esta tierra lejana.
Pero no cambia mi amor, por más lejos que me encuentre,
Ni el recuerdo ni el dolor, de mi pueblo de mi gente,
Y lo que cambió ayer, tendrá que cambiar mañana,
Así como cambio yo, en esta tierra lejana.
Cambia todo cambia.

Repasemos este capítulo: lo mejor está por venir

Paso uno: *Repasa los capítulos que necesites*

Paso dos: *Identifica tu amante*

Paso tres: *Goza la vida*

Te comparto mi AMANTE, disfrútalo al máximo

www.ingramcontent.com/pod-product-compliance
Lightning Source LLC
Chambersburg PA
CBHW031304130726
47988CB00007B/2729